工会工作知识题库系列丛书

工会社会联络工作知识题库

学习强会 编

中国工人出版社

图书在版编目（CIP）数据

工会社会联络工作知识题库 / 学习强会编 .—北京：
中国工人出版社，2023.6
ISBN 978-7-5008-8197-1

Ⅰ . ①工…　Ⅱ . ①学…　Ⅲ . ①工会工作－中国－干部培训－习题集　Ⅳ . ① D412.6-44

中国国家版本馆 CIP 数据核字（2023）第 099415 号

工会社会联络工作知识题库

出 版 人　董　宽
责任编辑　陈晓辰　董芳璐
责任校对　张　彦
责任印制　栾征宇
出版发行　中国工人出版社
地　　址　北京市东城区鼓楼外大街45号　邮编：100120
网　　址　http://www.wp-china.com
电　　话　（010）62005043（总编室）
（010）62005039（印制管理中心）
（010）62382916（工会与劳动关系分社）
发行热线　（010）82029051　62383056
经　　销　各地书店
印　　刷　北京市密东印刷有限公司
开　　本　787毫米 × 1092毫米　1/32
印　　张　3.625
字　　数　50千字
版　　次　2023年7月第1版　2023年7月第1次印刷
定　　价　16.00元

目 录
CONTENTS

单项选择题

扫码闯关答题

1. 工会组织要在中国共产党的领导下，充分发挥（　）作用，做好工会社会联络工作。

A. 桥梁纽带　　B. 积极调动

C. 维护稳定　　D. 社会治理

2. 工会社会联络工作的主要内容包括联系引导劳动领域社会组织和（　）。

A. 年轻群体　　B. 退休群体

C. 新社会阶层人士　　D. 各行各界的有影响力人士

3. 工会社会联络工作的主要职责包括加强对（　）新情况、新问题的调查研究、风险评估和会商研判。

A. 公共领域　　B. 社会领域

C. 劳动关系矛盾　　D. 工会工作

4. 对工会组织而言，防范化解劳动关系领域风险矛盾，维护劳动领域政治安全，维护（　），是党中央赋予工会的政治任务。

A. 职工个体权益和社会公平正义

B. 职工队伍稳定和工会组织团结统一

C. 职工队伍稳定和社会公平正义

D. 职工个体权益和工会组织团结统一

5. 加强工会社会联络工作，是工会参与创新（　）、加强服务职工工作的重要举措。

A. 社会治理　　B. 社会共享

C. 联系引导　　D. 化解矛盾

6. 随着经济社会的深刻变革，受产业结构调整、平台经济兴起、择业观念变化等因素影响，职工队伍发生了许多新变化，劳动关系领域也出现了一些新情况，劳动关系矛盾进入（　）。

A. 激增期　　B. 衰退期

C. 平缓期　　D. 凸显期和多发期

7. 党的二十大报告明确提出要在社会基层坚持和发展

新时代（ ），完善正确处理新形势下人民内部矛盾机制，加强和改进人民信访工作，畅通和规范群众诉求表达、利益协调、权益保障通道。

A. “枫桥经验”　　B. “陵县模式”

C. “民情日记”　　D. “东莱精神”

8. 习近平总书记在2022年春季学期中央党校（国家行政学院）中青年干部培训班开班式上强调，信访是（ ）。

A. 党和人民的连心桥

B. 送上门来的群众工作

C. 做好群众工作的核心

D. 维护社会稳定的关键

9. 最早具有工会社会联络工作性质的机构是（ ）。

A. 信访工作室　　B. 信访工作处

C. 信访接待室　　D. 工会信访办（室）

10. 2015年7月6日至7日，（ ）召开，习近平总书记发表重要讲话，对做好新形势下党的群团工作提出明确要求。

A. 中央党的群团工作会议

B. 党的群团工作会议

C. 中央群团工作会议

D. 党中央的群团会议

11. 各级工会要始终坚持党的领导，坚决拥护“两个确立”，始终做到“两个维护”，积极融入党领导下的社会治理工作机制，积极配合有关部门预防化解劳动关系矛盾、联系引导劳动领域社会组织，把（ ）要求落到实处。

A. “五个彻底” B. “五个坚决”

C. “四个坚决” D. “四个彻底”

12. 开展工会社会联络工作时，要坚持（ ）与维稳相结合，维护安全与（ ）相统一，打造（ ）与引领构建一体推进的工作格局。括号内的内容为（ ）。

A. 维权 维护秩序 防范化解

B. 解决问题　维护秩序　源头解决

C. 维权　塑造安全　防范化解

D. 解决问题　塑造安全　源头解决

13. 在2004年3月第十届全国人大第二次会议上审议批准的（　）中，出现了“社会组织”一词，这是该词首次出现在党中央、国务院的文件中。

A.《政府工作报告》

B.《信访条例》

C.《中共中央关于加强和改进党的群团工作的意见》

D.《政府购买服务管理办法》

14. 2006年党的十六届六中全会通过的《关于构建社会主义和谐社会若干重大问题的决定》提出要“（　），增强服务社会功能”。

A. 领导民间组织　　B. 领导社会组织

C. 健全社会组织　　D. 健全民间组织

15. 2015年7月，习近平总书记在中央党的群团工作会议上指出，（　）相关社会组织，是群团组织发挥桥梁和纽带作用的一项重要任务。

A. 支持和鼓励　B. 联系和鼓励
C. 联系和引导　D. 支持和领导

16. 组织完善、政治可靠、作用特别的社会组织，即为（　）。

A. 关键点社会组织　B. 枢纽型社会组织
C. 领导型社会组织　D. 模范社会组织

17. 国家统计局社会组织行业分类统计显示，社会组织分为（　）个行业领域。

A. 11　B. 12　C. 13　D. 14

18. （　）是一切社会组织的根本宗旨。

A. 非营利性　B. 非政府性
C. 自治性　D. 公益性或互益性

19. （　）是社会组织区别于政府的根本特征。

A. 非营利性　B. 非政府性
C. 自治性　D. 公益性或互益性

20. 社会组织的内在驱动力是以（　）为背景的利他主义和互助主义。

A. 自治精神　　B. 志愿精神

C. 自助理念　　D. 公共利益

21. 社会组织要围绕党和国家工作大局，围绕中国特色社会主义经济建设、（　）、文化建设、社会建设、生态文明建设开展工作。

A. 精神建设　　B. 制度建设

C. 政治建设　　D. 道路建设

22. 社会组织产生和发展的第一个背景是经济层面——我国（　）的建立与深入发展。

A. 社会主义市场经济　　B. 城市经济体制

C. 商品经济体制　　D. 市场经济

23. 社会组织产生和发展的第二个背景是政治层面——我国（　）的变革与不断完善。

A. 行政体制　　B. 社会主义行政体制

C. 社会治理体系　　D. 政府治理模式

24. （　）是我国社会组织普遍面临的突出问题。

A. 人数过多　　B. 资金不足

C. 过于灵活　　D. 形式多变

25. 社会团体，是指中国公民自愿组成，为实现会员共同意愿，按照其章程开展活动的（　）社会组织。

A. 创新性　　B. 自由性

C. 综合性　　D. 非营利性

26. 社会团体要取得合法地位，有（　）、登记取得、依据法律规定取得和备案取得四种方式。

A. 免予批准取得　　B. 批准取得

C. 自动取得　　D. 免予登记取得

27. 中华全国总工会等 8 个参加中国人民政治协商会议的人民团体可以（　）社会团体合法地位。

A. 免予批准取得　　B. 批准取得

C. 自动取得　　D. 免予登记取得

28. 在社团登记管理实践中，一般将社会团体划分为学术性、行业性、专业性、（　）四类。

A. 联合性　　B. 群众性

C. 集体性　　D. 团体性

29. 为了促进基层社会团体、慈善社会团体的发展，各地从实际出发，对一些不具备法人条件的基层社会团体、慈善社会团体采取（　）的方式，承认其合法地位。

A. 登记取得　　B. 批准取得

C. 备案取得　　D. 免予登记取得

30. 《社会团体登记管理条例》规定，筹备成立的社会团体，应当自登记管理机关批准筹备之日起（　）个月内召开会员大会或者会员代表大会。

A. 3　　B. 4　　C. 6　　D. 12

31. 民政部颁布的《社会团体章程示范文本》规定，（　）是社会团体的权力机构。

A. 理事会　　B. 常务理事会

C. 团体大会　　D. 会员（代表）大会

32. 《基金会管理条例》规定，基金会以从事（　）为目的。

A. 公益事业　　B. 公共事业

C. 社会事业　　D. 文化事业

33. 《基金会管理条例》规定，基金会理事会理事的每届任期不得超过（　）年。

A. 3　　B. 5　　C. 6　　D. 7

34. 《基金会管理条例》规定，（　）是基金会的法定代表人。

A. 常任理事　　B. 理事长

C. 秘书长　　D. 监事长

35. 《民办非企业单位登记管理暂行条例》规定，民办非企业单位是指企业事业单位、社会团体和其他社会力量以及公民个人利用（　）举办的，从事非营利性社会服务活动的社会组织。

A. 公共资产　　B. 民间资产

C. 社会资产　　D. 非国有资产

36. 在十大行（事）业民办非企业单位中，（　）的民办非企业单位需要重点关注，是工会需要去联系引导的重点对象。

A. 民政事业　　B. 文化事业

C. 劳动事业　　D. 科技事业

37.《民办非企业单位章程示范文本》规定，（　）是民办非企业单位的决策机构。

A. 经理会　　B. 监事会

C. 理事会　　D. 股东大会

38.（　）要求，“各级党委和政府要支持群团组织在党组织领导下发挥作用，加强对有关社会组织的政治引领、示范带动、联系服务”。

A.《中共中央关于加强和改进党的群团工作的意见》

B.《关于改革社会组织管理制度促进社会组织健康有序发展的意见》

C.《关于工会联系引导社会组织为职工提供专业化服务的指导意见》

D.《关于发挥社会组织职能作用的意见》

39. （　）是工会针对劳动领域社会组织开展工作核心内涵的概括，“政治引领、示范带动、联系服务”12 字要求寓于其中。

A. 联系引导　　B. 鼓励支持

C. 领导指引　　D. 监督管理

40. （　）是工会联系引导社会组织工作的根本目的，（　）是工会联系引导社会组织工作的重要途径，（　）是工会联系引导社会组织工作的载体手段。括号内的内容为（　）。

A. 政治引领　联系服务　示范带动

B. 联系服务　示范带动　政治引领

C. 政治引领　示范带动　联系服务

D. 联系服务　政治引领　示范带动

41. 工会社会组织工作的主要内容之一是依法协调做好工会系统境外非政府组织境内（　）活动业务主管工作。

A. 研究　　B. 交流

C. 合作　　　　　　　　D. 研究交流合作

42. 工会社会组织工作的主要内容包括贯彻落实中央关于（　）专项任务，认真做好劳动领域社会组织从业人员特别是领军人物的工作，团结引导劳动领域社会组织人士。

A. 维护职工群体稳定

B. 新的社会阶层人士统战工作

C. 工会组织团结统一

D. 维护新业态职工群体稳定

43. 习近平总书记在中央党的群团工作会议上强调，要（　），使群团组织成为党联系社会组织的一个重要渠道。

A. 拓展方式、灵活创新

B. 接长手臂、形成链条

C. 夯实基础、开拓路径

D. 激发动力、增强活力

44. 中共中央办公厅、国务院办公厅印发的（　）充分肯定了社会组织的积极作用，明确了做好社会组织工作的指导思想、基本原则和总体目标，是做好工会工作特别是联系引导劳动领域社会组织工作的根本遵循。

A.《关于改革社会组织管理制度促进社会组织健康有序发展的意见》

B.《关于促进社会组织健康有序发展的意见》

C.《关于改革社会组织管理制度的意见》

D.《关于联系引导社会组织健康有序发展的意见》

45. 各级工会要站在（　）党的执政基础的高度，深刻认识加强劳动领域社会组织工作的极端重要性。

A. 巩固和扩大　　B. 创新

C. 完善　　D. 深化和改革

46. 以下哪项不属于劳动领域社会组织的特点？（　）

A. 专业性强　　B. 数量较少

C. 形式灵活　　D. 类别众多

47. 做好工会社会组织工作，要坚持区别对待、分类施策。要加强培育和扶持（　）的社会组织，引导其在党委领导、工会主导的服务职工工作体系中充分发挥作用。

A. 专业性强、人数众多

B. 形式多样、结构灵活

C. 政治可靠、背景清楚

D. 关键领域、重点人群

48. 积极稳妥推进工会联系引导社会组织工作，要加强引领带动，探索建立（　）的区域性劳动领域社会组织联合会。

A. 地方扶持　　B. 地方主导

C. 工会主导　　D. 工会协调

49. 积极稳妥推进工会联系引导社会组织工作，要积极扶持发展，探索在基层培育孵化（　）的劳动领域社会组织。在人员、资金、活动场所等方面予以扶持，整合社会资源，满足职工需求，拓展职工服务阵地。

A. 社会力量主导　　　B. 群众自主构建

C. 政府鼓励和引导　　D. 工会直接领导或指导

50. 积极稳妥推进工会联系引导社会组织工作，要加强联系合作，通过（　）等方式为职工提供优质的服务。

A. 自主创新　　　B. 灵活多变

C. 资源共享　　　D. 购买服务

51. 积极稳妥推进工会联系引导社会组织工作，要加强资源整合，探索与共青团、妇联等群团组织联合建立社会组织或社会组织服务平台，探索建立多元化协同、开放式服务、项目化运作、（　）评估、制度化运转的工作机制。

A. 科学化　　　B. 灵活化

C. 严格化　　　D. 标准化

52. 工会应贯彻落实中国工会十七大精神，以引导社会组织（　）为价值取向，以购买服务为重要方式，为职工群众提供专业化、多样化、精准化的服务，更好造福职工群众。

A. 服务职工群众　　B. 造福职工群众

C. 联系职工群众　　D. 深入职工群众

53. 《中华全国总工会关于工会购买社会组织服务的意见》明确要求，《工会法》和《中国工会章程》规定的工会政治责任、基本职责等涉及工会组织（　）的工会工作核心业务应当由工会直接实施或主导实施。

A. 基本特征　　B. 本质属性

C. 核心特征　　D. 重要属性

54. 工会在购买社会组织服务的过程中，要通过（　）的方式，依法确定工会购买社会组织服务的承接主体。

A. 透明公开　　B. 自由竞争

C. 择优　　D. 公平竞争择优

55. 承接工会购买社会组织服务的主体应当具有独立承担民事责任的能力，具备提供服务所必需的设施、人员和专业技术的能力，近（ ）年内无重大违法和失信惩戒记录，并符合法律法规规定和登记管理机关依法认定的其他条件。

A. 1　　B. 2　　C. 3　　D. 4

56. 要健全完善工会购买社会组织服务的方式和程序，鼓励购买主体通过依法依规设定资格条件或竞争择优方式确定不少于（ ）家社会组织作为承接主体，并向符合条件的服务对象发放购买凭单，由服务对象自主选择社会组织为其提供服务并以凭单支付。

A. 1　　B. 2　　C. 3　　D. 4

57. 工会购买社会组织服务合同期限一般为（ ）年。

A. 1　　B. 2　　C. 3　　D. 4

58. 在工会购买社会组织服务过程中，应建立健全绩效评价机制，围绕购买服务项目全面开展绩效评价和履约验收，建立健全由工会、（ ）及第三方组成的综合性评价机制，对购买服务项目数量、质量和资金使用绩效等进行评价。

A. 受益职工代表　　B. 社会组织

C. 承接主体　　D. 市场监管部门

59. 做好联系引导社会组织为职工提供专业化服务工作，工会要深入学习贯彻习近平总书记关于（　）的重要论述和党中央关于群团组织联系引导相关社会组织的决策指示。

A. 工人阶级　　B. 工人阶级和工会工作

C. 社会组织发展　　D. 工会工作

60. 做好联系引导社会组织为职工提供专业化服务工作，工会要自觉坚持和落实党的（　），把党的政策和主张贯彻落实到工会联系引导社会组织工作中来。

A. 核心领导　　B. 坚强领导

C. 全面领导　　D. 根本领导

61. 做好联系引导社会组织为职工提供专业化服务工作，要坚持（　），履行联系引导职责。把服务职工、维护职工合法权益的大旗扛在工会组织肩上，把服务职工阵地和主导权掌握在工会组织手里。

A. 工会协调　　B. 工会鼓励

C. 工会指导　　D. 工会主导

62. 做好联系引导社会组织为职工提供专业化服务工作，要坚持以职工为中心，突出（　）导向。

A. 专业主义　　B. 高质量

C. 政治　　D. 职工需求

63. 工会联系引导社会组织为职工提供专业化服务的工作重点包括严格预算管理，落实经费保障。要坚持（　）的原则，将工会购买社会组织服务所需经费纳入预算管理，依法规范组织实施。

A. 严格预算　　B. 先预算、再购买

C. 公平公开公正　　D. 灵活预算

64. 做好联系引导社会组织为职工提供专业化服务工作，要提倡（　），鼓励支持相关社会组织发挥专业优势，利用社会工作等专业理念、专业知识、专业方法、专业技能或辅以必要的专项设施等，为职工提供满足其美好生活需要的高品质服务。

A. 优中选优原则

B. 精益求精原则

C. “专业的人办专业的事”

D. “以职工需求为中心”

65. 工会联系引导社会组织为职工提供专业化服务的工作重点包括创新载体机制，做实联系引导。要尊重基层（　），鼓励探索实践，在社会组织中组建工会、服务党建、建立创新示范基地（点）。

A. 首创精神　　B. 创新精神

C. 开拓精神　　D. 自主精神

66. 做好联系引导社会组织为职工提供专业化服务工作，要增强（　），科学设置工会购买社会组织服务项目绩效评价指标，从过程、质量、成本、直接效益、社会效益等方面，综合衡量政策和项目预算资金使用效果。

A. 经济观念　　B. 效益观念

C. 绩效观念　　D. 系统观念

67. 要把工会联系引导（　）和工会购买社会组织服务情况纳入工会系统统计年报，以此为抓手，进一步推动工会联系引导社会组织为职工提供专业化服务工作向基层延伸，不断提质扩面增效。

A. 地方组织数　　B. 职工群体数

C. 职工个体数　　D. 社会组织数

68. 中央党的群团工作会议要求，群团组织设置要做到“怎么有利于做好工作，就怎么建组织”，并强调要以（　）的办法来推动工作。

A. 改革　　B. 创新

C. 主动　　D. 试点

69. 从 1949 年新中国成立到 1982 年第（　）次全国信访会议召开是信访制度的起步与实践阶段。

A. 二　　B. 三　　C. 四　　D. 五

70. 1979 年 10 月，全国总工会党组开始建立（　）的值班制度。

A. 领导同志接待上访群众

B. 青年干部接待上访群众

C. 领导同志与群众面对面

D. 青年干部与群众面对面

71. 2005 年（　）的颁布实施是信访工作逐步规范阶段的重要标志性事件。

A.《信访条例》

B.《信访工作条例》

C.《信访工作规范条例》

D.《信访指导办法》

72. 为进一步畅通工会联系职工群众渠道，2004 年 10 月，（　）职工维权热线电话在全国正式开通。

A. “12333”　　B. “12311”

C. “12351”　　D. “12355”

73. 2005 年 8 月，全国总工会下发了（　），这是工会信访工作历史上第一个规范性文件。

A. 《工会信访工作规范》

B. 《全国工会信访指导办法》

C. 《全国工会信访工作办法》

D. 《全国工会实施〈信访条例〉办法》

74. 党的十八大以来，工会信访工作取得了长足发展。2022 年，中共中央、国务院印发（　），是新时代信访工作的基本遵循。

A. 《信访条例》

B. 《信访工作条例》

C. 《信访工作规范条例》

D. 《信访指导办法》

75. 2022 年 12 月，全国总工会出台《中华全国总工会关于加强新时代工会网上信访工作的意见》，力图真正实现（　）。

A. 数据多跑路、群众少跑腿

B. 与信访群众面对面

C. 将问题化解在萌芽状态

D. 将矛盾化解在基层

76. 工会信访工作部门和人员的基本职责包括受理、交办、(　)、转送职工信访事项。

A. 转运　　B. 交接

C. 转办　　D. 督管

77. 各级工会信访部门在同级党委领导下，在（　）和上级工会信访部门指导下开展工作。

A. 信访工作联席会议

B. 信访工作会议

C. 同级信访工作联席会议

D. 同级信访工作会议

78. （　）以上总工会应当设立信访工作部门，有条件的应成立工会信访工作领导小组。

A. 省级　　B. 市级

C. 县级　　D. 街道级

79. 在工会信访工作中，信访人主要是（　）。

A. 人民群众　　B. 职工

C. 一线职工　　D. 困难职工

80. 进入社会主义市场经济后，尤其在（　）颁布实施后，有关劳动权利、经济权益的信访大幅上升。

A.《权益法》　　B.《劳动权益保障法》

C.《合同法》　　D.《劳动法》

81. 人民信访工作主要的开展形式是（　）。

A. 协商协调　　B. 开门接访

C. 听取意见　　D. 面对面沟通

82. 除了设立工会信访部门，各级工会还要（　），详细调查了解不同阶段、不同类型职工的实际情况，听取职工的意见和批评。

A. 与其他部门协商　　B. 建立联席会议制度

C. 主动深入基层　　D. 敞开大门

83. 作为党和职工群众的桥梁和纽带，工会与职工群众有着天然的联系，（　）是工会信访部门处理劳动争议等职工信访事项一个行之有效的手段。

A. 做好思想疏导工作

B. 协调督促

C. 批评教育

D. 听取意见和建议

84. 由于职工与大机器生产相联系，有较强的组织性，更容易因一些具体问题引起（　）。

A. 集体访　　B. 越级上访

C. 重复信访　　D. 缠访闹访

85. （　）是加强党对信访工作领导的重要抓手，各级党委要用好这一机制，强化责任担当，更加主动作为，做实做细群众工作。

A. 齐抓共管机制

B. 信访工作会议机制

C. 沟通协调机制

D. 信访工作联席会议机制

86. 做好工会信访工作，自觉用习近平总书记关于（　）的重要思想武装头脑、指导实践、推动工作。

A. 加强人民信访工作

B. 加强职工信访工作

C. 加强和改进职工信访工作

D. 加强和改进人民信访工作

87. 信访工作应当遵循坚持以（　）为中心的原则。践行党的群众路线，倾听群众呼声，关心群众疾苦，千方百计为群众排忧解难。

A. 经济　　B. 人民

C. 困难群众　　D. 职工群众

88. 做好信访工作，要强化（　）在化解矛盾中的权威地位，坚持依靠基层依法依规协调和处理群众诉求。

A. 沟通　　B. 法律

C. 协调　　D. 思想教育

89. 把信访工作纳入（　），既是全面依法治国的内在要求，也是提升信访工作公信力的现实需要。

A. 法治化轨道　　B. 法制化轨道

C. 社会治理体系　　D. 行政复议体制

90. （　）是信访工作成本最小、效果最好的理想境界。

A. 深入基层　　B. 开门接访

C. “治未病”　　D. 领导干部接访

91. 目前，职工信访问题的（　）、复杂性、多样性的特征更加凸显，解决和化解的难度越来越大。

A. 自主性　　B. 危害性

C. 多发性　　D. 关联性

92. 工会信访工作必须坚持在党和国家工作大局和工会工作全局下行动，坚持稳字当头，树立底线思维，深入开展信访矛盾排查化解，及时处置（　）安全风险，为营造安全稳定的政治社会环境发挥更大作用。

A. 系统性　　B. 基层领域

C. 多发性　　D. 涉稳涉政治

93. 从工会信访面临的形势看，当前全国工会信访总量（　）。

A. 逐步降低　　B. 激增

C. 仍在高位运行　　D. 呈现平稳趋势

94. 以（　）为主的职工信访活动在今后一个时期内仍将处于比较活跃的阶段，工会信访工作仍将处于负重爬坡、攻坚克难的时期。

A. 就业需求　　B. 利益诉求

C. 保障需求　　D. 协商诉求

95. 信访职工采用走访形式提出信访事项，可以向（　）提出。

A. 当地工会信访工作部门

B. 上一级工会信访工作部门

C. 当地工会信访工作部门或者上一级工会信访工作部门

D. 工会信访工作部门

96. 接待上访职工时，信访工作人员要根据登记表，接谈来访职工。职工集体来访时，由来访职工选出不超过（　）人的代表。

A. 5　　B. 4　　C. 3　　D. 2

97. 接待上访职工时，信访工作人员要按照（　）的原则，区别不同情况予以答复。

A. 彻底解决

B. 高效处理

C. 依法、及时、就地解决问题与批评教育相结合

D. 依法、及时、就地解决问题与疏导教育相结合

98. 信访事项已经受理或者正在办理的，信访职工在规定期限内向受理、办理该事项工会组织的上级工会信访工作部门再走访提出同一信访事项的，该上级工会信访工作部门可以（　）。

A. 不予受理，但应当做好解释工作

B. 拒绝受理

C. 不予受理并进行批评教育

D. 转交给下级工会信访工作部门

99. 工会信访干部接待职工来访时，能够当场告知的，应当当场书面告知；不能当场告知的，应当自收到

信访事项之日起（　）日内书面告知信访人，但信访人的姓名（名称）、住址不清的除外。

A. 10　　B. 15　　C. 20　　D. 30

100. （　）以上工会信访工作部门要定期向下一级工会信访工作部门通报信访事项交办、转送情况。

A. 省级　　B. 市级

C. 县级　　D. 街道级

101. 各级工会领导干部应当阅办职工群众来信和网上信访、定期接待职工群众来访、定期下访，（　）职工群众反映强烈的突出问题。

A. 包案化解　　B. 彻底解决

C. 一次性解决　　D. 全面化解

102. 同一职工（　）次及以上重复来信视为重信。

A. 2　　B. 3　　C. 4　　D. 5

103. （　）人以上职工署名来信视为联名信。

A. 2　　B. 3　　C. 4　　D. 5

104. 接听职工来电时，对职工咨询涉及（　）的法律、法规和政策等方面的问题，接听人员应直接给予明确答复。

A. 生活保障　　B. 劳动权益

C. 就业问题　　D. 技能培训

105. 来电职工要求解决的问题比较复杂，电话难以说清和解答的，要告知其可以（　）。

A. 三天后继续来电

B. 到信访接待场所走访，或以书信方式反映诉求

C. 向上级部门反映

D. 求助司法途径

106. 初信初访工作实行（　）负责制。

A. 基层　　B. 领导

C. 首办　　D. 工会

107. 信访人向不同机关或同一机关不同部门提出信访事项的，先行收到的机关或部门先行受理，并录入（　）。

A. 信访信息系统

B. 信息管理系统

C. 信访全流程追踪系统

D. 信访信息反馈系统

108. 县级以上工会信访工作机构收到初信初访事项时，要区分不同情况。对投诉请求类初信初访事项，要转送、（　）给有权处理机关办理。

A. 交代　　B. 交办

C. 转接　　D. 分发

109. 县级以上工会信访工作机构收到初信初访事项时，对于（　）类初信初访事项，其中有利于完善政策、改进工作、促进经济社会发展的，上报本级人民政府作为决策参考，或转送有权处理机关研究。

A. 意见和建议　　B. 投诉

C. 批评　　D. 控诉

110. 对揭发控告类初信初访事项，要按照纪检监察工作相关规定和干部管理权限，报送有关负责同志或转送（　）处理。

A. 纪检监察机关

B. 组织人事部门

C. 纪检监察机关、组织人事部门

D. 上级信访部门

111. 各省、自治区、直辖市总工会制定信访工作具体考核意见或办法时，应加大（　）办理工作的考核比重。

A. 初信初访　　B. 开门接访

C. 电话接访　　D. 基层信访

112. “三跨三分离”是信访方面的信访问题。具体来说，“三跨”是指跨（　）、跨部门、跨行业。

A. 群体　　B. 体系

C. 级别　　D. 地区

113. “三跨三分离”是信访方面的信访问题。具体来说，“三分离”是指人事分离、人户分离、（　）。

A. 人地分离　　B. 人事户分离

C. 户事分离　　D. 户地分离

114. 按照《信访工作条例》及有关规定，信访事项的（　）或有权处理的部门（单位）是解决和化解的责任主体，承担主办责任。

A. 受理部门　　B. 接访地

C. 上访地　　D. 事发地

115. 按照《信访工作条例》及有关规定，信访人的（　）、常住地（不包括上访人滞留地）及其他相关部门（单位）负责信访人的困难帮扶、教育疏导等工作，承担协办责任。

A. 户籍地　　B. 籍贯地

C. 工作地　　D. 信访事项发生地

116. 凡是提请国家信访局协调的“三跨三分离”信访事项，需先经（　）层面沟通对接。

A. 省级　　B. 市级　　C. 县级　　D. 乡镇级

117. 信访事项简易办理是指各级机关、单位按照工作职责，针对（　）的信访事项，简化程序，缩短时限，更加方便快捷地受理、办理。

A. 初信初访　　B. 诉求简单明了

C. 上门走访　　D. 来电信访

118. 下面哪种信访事项不适用于简易办理程序？（　）

A. 事实清楚、责任明确、争议不大、易于解决的事项

B. 有关机关、单位已有明确承诺或结论的事项

C. 涉及多个责任主体或集体联名投诉的重大、复杂、疑难的事项

D. 涉及群众日常生产生活、时效性强的事项

119. 信访事项是否适用简易办理，由有权处理的机关、单位决定，（　）以上党委和政府信访部门以及上级机关、单位可以提出简易办理建议。

A. 省级　　B. 市级

C. 县级　　D. 乡镇级

120. 信访部门对于提出简易办理建议的信访事项，可

以通过信访信息系统直接转送有权处理的机关、单位，并抄送下一级信访部门；不具备直接转送条件的，各中间层级机关、单位应当依次在收到信访事项之日起（　）个工作日内通过信访信息系统完成转送。

A. 1　　B. 2　　C. 3　　D. 4

121. 对适用简易办理的信访事项，有权处理的机关、单位应当在收到之日起（　）个工作日内决定是否受理。

A. 1　　B. 2　　C. 3　　D. 4

122. 对适用简易办理的信访事项，有权处理的机关、单位应当在受理之日起（　）个工作日内作出处理意见。

A. 7　　B. 8　　C. 9　　D. 10

123. 有权处理的机关、单位在办理信访事项过程中，发现不宜简易办理或简易办理未得到妥善解决的，应当经本机关负责人批准，按照《信访工作条例》

规定的普通程序继续办理。按照《条例》规定的普通程序继续办理的信访事项，办理时限从（　）之日起计算。

A. 按照普通程序办理 B. 按照简易办理程序受理

C. 负责人批准 D. 事项受理

124. 信访事项（　），来访人在规定期限内向受理或办理机关的上级机关再提出同一信访事项的，上级机关不予受理。

A. 办理完毕 B. 已经受理

C. 正在办理 D. 已经受理或者正在办理

125. 来访人对信访事项处理（复查）意见不服，未提出复查（复核）请求而到上级机关再次走访的，各级人民政府信访工作机构和其他行政机关（　）。

A. 有权驳回

B. 不予受理

C. 不予受理，并引导来访人走复查（复核）程序

D. 转交给下级机关

126. 已经（　）复查复核机构审核认定办结，来访人仍然以同一事实和理由提出投诉请求的，各级人民政府信访工作机构和其他行政机关不再受理。

A. 省（自治区、直辖市）人民政府

B. 市人民政府

C. 国家信访局

D. 第三方

127. 已经（　）并录入全国信访信息系统的信访事项，来访人仍然以同一事实和理由提出投诉请求的，各级人民政府信访工作机构和其他行政机关不再受理。

A. 办理完毕　　B. 受理

C. 备案　　D. 复核终结备案

128. 为进一步厘清工会信访工作职责界限，依法处理各类信访投诉请求，全国总工会制定形成了《通过法定途径（　）职工信访投诉请求清单》。

A. 灵活处理　　B. 分类处理

C. 全面解决　　D. 及时解决

129. 《职工信访投诉请求清单》中的工会组织类问题包括建立工会组织问题、工会组织自身建设问题、（　）。

A. 工会经济工作问题

B. 工会福利工作问题

C. 工会发展问题

D. 工会经费及资产管理工作问题

130. 对于不愿调解、调解不成或达成调解协议后不履行的劳动合同类问题，应当向（　）申请仲裁。

A. 人社局

B. 法院

C. 工会

D. 劳动争议仲裁委员会

131. 对于职工的工伤问题，职工所在地社会保险部门负责工伤认定及保险工作、所属地市级（　）负责劳动能力鉴定。

A. 社会保险部门

B. 仲裁委员会

C. 劳动能力鉴定委员会

D. 劳动争议仲裁委员会

132. 在解决职工、农民工工资待遇问题时，工会组织依法参与（　）并在政府部门制定相关政策法规过程中提出意见和建议。

A. 工资集体协商　　B. 工资协商

C. 工资调研　　D. 调解仲裁

133. 在解决企业民主管理类问题时，职工可以通过民主选举，组成（　），在企业内部行使民主管理权力。

A. 职工民主会　　B. 职工代表大会

C. 职工自主管理会　　D. 职工协商委员会

134. 全国劳动模范生活困难符合条件的可申请（　）。

A. 全国劳动模范特殊困难帮扶金

B. 全国劳动模范关爱基金

C. 全国劳动模范慈善基金

D. 全国劳动模范发展基金

135. 工会信访交办事项一般采用（ ）的方式交办。

A. 交办意见　　B. 交办议案

C. 交办函　　D. 交办令

136. 收到交办文件后，属于承办单位自办范围的，要按照办理要求认真办理；应由下级工会办理的，由承办单位按照（ ）规定，提出办理意见并限定期限，交由下级工会办理。

A. 《信访条例》

B. 《信访工作条例》

C. 《全国工会实施〈信访条例〉办法》

D. 《全国工会实施〈信访工作条例〉办法》

137. 信访事项交办后，交办单位按照（ ）的原则对交办事项进行督办。

A. 谁主管、谁负责

B. 首办负责

C. 谁交办，谁督办

D. 对上负责与对下负责相统一

138. 对紧急和重要的信访交办事项，交办单位要（ ）检查办理进度，听取承办单位对交办信访事项办理情况的汇报，提出有关建议、意见。

A. 随时　　B. 定期

C. 不定期　　D. 及时

139. 信访事项办结报告的附件为（ ），若有其他说明可一并作为附件。

A. 信访人承诺书

B. 信访人详细信息

C. 信访人同意办结书

D. 有信访人签字的答复意见书

140. 交办单位应按照“事实清楚，定性准确，处理恰当，程序规范，手续完备”的要求对办结报告进行审核，主要包括实质性审核和（ ）。

A. 内容性审核　　B. 程序性审核

C. 过程性审核　　D. 办结情况审核

141. 交办单位应在审核通过办结报告起（　）日内向信访人出具信访事项答复意见书。

A. 10　　B. 20　　C. 30　　D. 60

142. 各级党政机关应当将工会信访工作纳入督查范围，对本地区、本部门、本系统信访工作开展和责任落实情况，（　）至少组织开展一次专项督查，并在适当范围内通报督查情况。

A. 每半年　　B. 每两年

C. 每一年　　D. 每季度

143. 要深入推进工会领导干部接待职工群众来访，从政策层面预防化解职工群众信访突出问题，推动职工信访问题的（　）。

A. 全面解决　　B. 彻底解决

C. 源头和成批解决　　D. 科学化解决

144. 工会领导接访作为党员干部（　）群众的一项重

要制度，要与下基层调查研究、深入联系点、扶贫帮困等结合起来，提高工作实效性。

A. 直接联系　　B. 鼓励沟通

C. 教育引导　　D. 领导指引

145. 在坚持（　）的同时，工会领导接访还可采取重点约访、专题接访、带案下访等多种方式。

A. 定点接访　　B. 不定点接访

C. 周期性接访　　D. 每月接访

146. 根据规定，全国总工会党组、书记处领导每人每年至少（　）天接待职工群众。

A. 1　　B. 2　　C. 3　　D. 4

147. 对侵害职工工资待遇、民主管理、劳动保护等合法权益和影响（　）的普遍性、倾向性问题，工会领导可协调相关部门进行专题接访。

A. 社会和谐稳定　　B. 社会经济发展

C. 劳动关系和谐稳定　D. 政治稳定

148. 工会领导干部要带着感情和责任满腔热情地接访

下访，要注重矛盾源头化解，可以通过（　）协调有权处理的责任部门研究解决的思路，明确处理的办法。

A. 沟通机制　　B. 联席会议办公室

C. 联席会议机制　　D. 地方联席会议办公室

149. 工会领导干部下访要与“转作风、解难题、（　）”专项行动结合起来，并逐步形成长效机制。

A. 促发展、保稳定　B. 促发展、敢创新

C. 保稳定、下基层　D. 保稳定、敢创新

150. 对接访中当场不能解决的疑难复杂信访事项和职工群众反映强烈的突出问题，要确定包案领导，工会主要领导要亲自包案，落实“四包”——包掌握情况、（　）、包解决化解、包困难帮扶责任。

A. 包调研考察　　B. 包彻底解决

C. 包沟通协调　　D. 包思想教育

151. 各级工会要高度重视工会领导干部接待职工群众

来访工作，切实加强组织领导，深入扎实推进。主要领导要负总责、(　)、带头做。

A. 具体抓　　B. 事事抓

C. 随时抓　　D. 亲自抓

152. 工会领导干部重点约访就是对涉及责任主体不明确、协调难度大、反复上访特别是可能导致（　）和非正常上访的疑难复杂问题，以及同级党委政府和上级工会信访部门排查交办的重点疑难信访案件有针对性地进行预约接访。

A. 越级上访　　B. 缠访闹访

C. 集体访　　D. 进京上访

153. 工会领导干部专题接访就是对有可能侵害职工合法权益和影响劳动关系和谐稳定的突出问题进行专门集中接待。通过专题接访，发现具有（　）的问题，并进行深入分析研究，从政策层面提出工会的意见和主张。

A. 普遍性、倾向性　B. 原则性、紧迫性

C. 原则性、倾向性　D. 普遍性、紧迫性

154. 工会领导干部带案下访就是选择具有典型性、代表性的职工信访事项深入（　）现场接待。

A. 基层一线　　　B. 问题企业

C. 问题发生地　　D. 有代表性的地区

155. （　）是指工会领导干部亲自做好信访事项调处工作，身体力行推动解决信访事项，这是加大信访事项调处工作力度，解决重大社会矛盾纠纷，维护社会稳定的有效措施。

A. 工会领导接访　　B. 工会领导下访

C. 工会领导包案制度 D. 工会领导与群众面对面

156. 工会领导干部包案制度实行（　）的原则，做到包接待、包协调、包督办、包落实、包稳定，依法、及时、就地解决信访事项。

A. 谁主管、谁负责

B. 属地管理、分级负责

C. 谁交办、谁负责

D. 对上负责与对下负责相统一

157. 各级工会要通过（ ）活动，建立健全工会领导干部联系基层、服务职工的长效机制，使工会领导干部接访下访工作常态化、制度化。

A. 基层驻点

B. 面对面、心贴心、实打实服务职工在基层

C. 基层服务

D. 信访宣传教育

158. 工会领导干部要参与劳动关系矛盾源头化解，通过工会与地方政府联席会议制度、（ ）协调机制、重大决策社会稳定风险评估机制等形式，努力推动党委、政府及相关部门解决影响劳动关系和谐与职工队伍稳定的问题。

A. 地方工会　　B. 第三方

C. 职工代表　　D. 劳动关系三方

159. 各级工会要把工会领导干部接待职工群众来访作为工会领导班子、工会领导干部的一项重要任务

来对待，及时向（ ）报送工会领导干部接待职工群众来访的情况。

A. 本级党委

B. 上级工会

C. 本级党委和上级工会

D. 职工群众

160. 省级工会一般每月至少安排（ ）天领导干部接访。

A. 1 B. 2 C. 3 D. 4

161. 市级和县级工会一般每月至少安排（ ）天领导干部接访。

A. 1 B. 2 C. 3 D. 4

162. 乡镇（街道）工会领导干部要（ ）接待职工群众来访。

A. 每周 B. 随时

C. 每天 D. 不定期

163. 全国总工会将（ ）对省级工会领导干部接待职

工群众来访情况进行一次检查，重点检查制度和责任落实、主要领导带头示范、取得成效等方面情况。

A. 每两年　　B. 每一年

C. 每半年　　D. 每季度

164. 习近平总书记时刻把人民群众的安危冷暖放在心上，对信访工作作出了一系列重要指示批示，要求信访部门和信访干部牢记（　）的政治责任，加强党对信访工作的领导。

A. 为民解难、为党分忧

B. 为民服务、为党分忧

C. 为民解难、为党解困

D. 为民服务、为党解困

165. 各级工会要适应网络时代新形势，积极探索构建网下办理、（　）的网上信访工作机制，方便职工信访，节约职工信访成本。

A. 网上审批　　B. 网上办结

C. 网上流转　　　　D. 网上反馈

166. 各级工会在贯彻国家信访局“依法逐级走访”要求的同时，按照处理涉法涉诉信访工作的总体要求，严格实行（　）分离，引导职工学法知法并理性表达诉求。

A. 调解与信访　　　　B. 仲裁与信访

C. 诉讼与信访　　　　D. 调解与诉讼

167. 各级工会要把信访工作重心从事后处理转移到事前排查化解上来，实行（　）排查，及时发现苗头性、倾向性问题并加以解决，避免职工信访事件的发生。

A. 随时　　　　B. 定期

C. 不定期　　　　D. 定期或不定期

168. 全国总工会创新信访事项交办督办工作方式，变单一的职工信访事项发函交办为发函交办与（　）、实地督办相结合，加大了交办督办工作力度。

A. 领导督办　　B. 联合督办

C. 集体督办　　D. 协调督办

169. “四重”信访问题包括重点领域、重点地区、（　）、重点人员。

A. 重点行业　　B. 重点职业

C. 重点群体　　D. 重点范围

170. 可以通过（　）和区域联动，强化与下级工会和地方公安部门的协作，建立联动制度，形成工作合力。

A. 上下联动　　B. 部门联动

C. 左右联动　　D. 与基层联动

171. 分析研判群众信访问题的主要工作形式不包括（　）。

A. “就事论事”　　B. “解剖麻雀”

C. “抽丝剥茧”　　D. “大而化小”

172. 实行网上受理信访制度，大力推行（　）、法治信访是信访工作制度改革的一个重要突破。

A. 线上办结　　B. 阳光信访

C. 全网联动　　D. 随时接访

173. 2021 年，中共中央办公厅、国务院办公厅印发（　），大力加强网上信访工作。

A. 《关于加强线上办理信访事项工作的意见》

B. 《关于加强新时代线上办理信访事项工作的意见》

C. 《关于加强网上信访工作的意见》

D. 《关于加强新时代网上信访工作的意见》

174. 作为工会信访系统而言，我们要畅通诉求通道，着力构建工会“互联网+”信访新模式，建立健全（　）“四位一体”的信访渠道。

A. 网、联、邮、访

B. 网、电、邮、访

C. 网、电、信、访

D. 网、联、信、访

175. 做好工会工作要“联系上下”，即加强全国总工会与（　）之间的沟通与联系。

A. 产业工会　　B. 职能部门

C. 地方工会　　D. 信访部门

176. 做好“联系上下”，要用好（　）制度。

A. 工会信访事项交办

B. 工会信访事项转办

C. 工会信访事项办结

D. 工会信访事项流转

177. 做好工会工作要“沟通左右”，即加强工会信访部门与（　）之间的沟通与联系。

A. 产业工会　　B. 职能部门

C. 公检法机构　　D. 职能部门、产业工会

178. 做好“沟通左右”，要用好（　）制度。

A. 机关干部到信访岗位培养锻炼

B. 开门接访

C. 定点接访

D. 包案化解

179. 将工会信访工作与（　）、职工法律援助等工作有

机结合起来，方能形成推动工作的强大合力。

A. 加强职工生活保障B. 困难职工帮扶

C. 职工就业培训　　D. 职工心贴心

180. 一些基层工会依托困难职工帮扶中心，把信访工作纳入工会帮扶维权体系统筹推进，构建了集困难职工帮扶、（　）、农民工维权、职工法律援助功能于一身的“四位一体”的帮扶维权体系。

A. 劳动争议调解　　B. 职工生活救助

C. 沟通协调调解　　D. 职工技能提升

181. 构建党委领导、政府支持、工会运作、各方配合的职工信访维权工作格局，工会要积极参与人大、政府、政协开展的执法检查、视察调研和提案征集活动，用好（　）机制。

A. 工会与下级工会沟通协调

B. 工会与同级政府沟通协调

C. 工会与下级工会联席会议

D. 工会与同级政府联席会议

182. 党的十八届六中全会通过的《中国共产党党内监督条例》提出，要（　），对信访反映的典型性、普遍性问题提出有针对性的处置意见，督促信访举报比较集中的地方和部门查找分析原因并认真整改。

A. 定期走访

B. 不定期走访

C. 定期分析研判信访举报情况

D. 不定期分析研判信访举报情况

183. 必须善于用法治思维来审视当前的信访工作，处理好维权与（　）的关系。

A. 公正　　B. 维稳

C. 思想教育　　D. 疏导

184. 必须善于用法治思维来分析引发信访问题的深层次原因，处理好治标与（　）的关系。

A. 一次性解决　　B. 彻底解决

C. 治本　　D. 治访

185. 必须善于用法治思维来明晰信访工作职责，处理好信访部门与（　）的关系，努力构建高效规范、和谐有序的信访工作新格局。

A. 职工群众　　B. 信访人员

C. 责任主体　　D. 职能部门

186. 组织动员社会力量参与，不断完善（　）联系群众制度，充分发挥人民团体和社会组织的积极作用，推动化解疑难复杂信访问题。

A. 领导干部

B. 群团组织

C. 人大代表

D. 党代表、人大代表、政协委员

187. 以下哪项不属于传统信访渠道？（　）

A. 绿色邮政　　B. 民生热线

C. 信访代理　　D. 网上信访

188. （　）是严格办理责任、提高信访效率、建立信访秩序和降低信访成本的集中体现，也是依法信访的重要环节。

A. 上门走访　　B. 逐级走访

C. 初信初访　　D. 网上信访

189. 对采取走访方式的信访群众，应引导其到依法有权处理的（　）设立或指定的接待场所表达诉求、主张权利。

A. 本级机关

B. 上一级机关

C. 本级或上一级机关

D. 基层单位

190. 要压实各级行政机关履行程序性、实体性办理责任，推动来访事项在应有层级得到有效解决，树立（　）更直接、更及时解决问题的工作导向。

A. 基层　　B. 领导

C. 法治　　D. 工会

191. 对工作敷衍塞责、推诿扯皮、弄虚作假而造成群众越级走访甚至酿成极端事件的，要依据信访工作纪律处分相关法规，落实（　）的问责机制。

A. 谁制造问题、谁承担责任、谁受到追究

B. 谁主管、谁负责

C. 属地管理、分级负责

D. 首办负责

192. 工会法律援助已经成为工会主动依法维权的主要抓手，各级工会可以通过（　）的方式聘请律师担任专兼职法律援助工作者。

A. 与律所合作　　B. 内部选聘

C. 公开招聘　　D. 工会购买法律服务

193. 各级工会要认真学习中央和全国总工会文件精神，加快信访工作信息化建设，提供必要的人力、物力、财力支持，推动（　）成为职工反映信访诉求的主渠道。

A. 信息化信访　　B. 热线信访

C. 网上信访　　D. 移动端信访

194. 当前和今后一个时期，加快推进信访工作信息化

建设的总体目标是依托互联网建设一个全国统一的（　），进一步畅通和拓宽群众诉求表达渠道。

A. 网上信访办理系统

B. 网上信访信息系统

C. 网上信访查询系统

D. 网上信访追踪系统

195. 加快推进信访工作信息化建设，具体要做到“三化”：业务流程标准化、处理过程透明化、（　）。

A. 信息流转加速化

B. 意见反馈一键化

C. 办理事项全过程化

D. 统计分析智能化

196. 2020 年 11 月，经全国总工会书记会议审议通过，启动（　）建设。

A. 各级工会信访工作平台

B. 各级工会信访工作信息平台

C. 全国工会信访工作平台

D. 全国工会信访工作信息平台

197.《全国工会网络安全和信息化“十四五”规划（2021—2025年）》提出的总体目标是，到2025年，工会网络安全和信息化示范带动作用显著增强，（ ）高质量发展取得显著成效，工会工作科学化、精细化、智能化水平显著提升。

A. 互联网引领工会工作

B. 数字引领工会工作

C. “互联网+”工会工作

D. “数字+”工会工作

198. 加强对工会网上工作的组织领导，要将网上工作摆上重要议事日程，各级工会要成立（ ）领导小组。

A. 本级网络安全和信息化

B. 本级工会网络建设

C. 本级网络安全和信息化联席会议

D. 本级工会网络建设联席会议

199. 推动信访工作信息化，要建立健全考核评价机制，制定量化评估指标，接受广大职工和社会各界的监督，加强（　）评估督查与绩效评价。

A. 上级单位　　B. 职工代表

C. 受益职工　　D. 第三方

200. 中央要求各机关定期对本系统信访工作情况进行考核，要求（　）对信访工作开展和信访工作责任落实情况组织一次专门督查。

A. 每半年　　B. 每一年

C. 每两年　　D. 每三年

多项选择题

扫码闯关答题

1. 工会社会联络工作是工会深入学习贯彻习近平新时代中国特色社会主义思想，落实以人民为中心的工作导向，着力解决代表谁、（　）的问题，巩固和扩大党的阶级基础和群众基础的一项全新工作。

A. 领导谁　　B. 联系谁

C. 服务谁　　D. 引导谁

2. 加强对劳动领域社会组织的（　），是工会社会联络工作的主要职责。

A. 政治引领　　B. 示范带动

C. 监督监管　　D. 联系服务

3. 随着经济社会的深刻变革，职工队伍发生了许多新变化，职工队伍内部结构呈现多样化趋势，主要表现为（　）。

A. 部分职工社会归属感减弱

B. 非公企业职工群体迅速扩大

C. 农民工成为产业工人的主体

D. 新就业形态劳动者成为职工队伍重要组成部分

4. 随着职工队伍结构的变化，职工思想活动的独立性、选择性、（　）日益增强。

A. 可预测性　　B. 可引导性

C. 多变性　　D. 差异性

5. 党的二十大报告明确提出要健全共建共治共享的社会治理制度，提升社会治理效能。完善（　）的基层治理平台，健全城乡社区治理体系。

A. 网格化管理　　B. 精细化服务

C. 信息化支撑　　D. 自主化管理

6. 全国总工会历来高度重视和保持同会员群众的密切联系，《中国工会章程》明确提出中国工会要坚持（　），保持同会员群众的密切联系，依靠会员群众开展工会工作。

A. 群众化　　B. 集中化

C. 民主化　　D. 自主化

7. 全国总工会进一步优化、强化维护职工队伍稳定和工会组织团结统一职能，将定期接待职工群众来访纳入包括（　）在内的直接联系群众制度之中。

A. 基层联系点　　B. 调查研究

C. 基层挂职任职　　D. 谈心和征求意见

8. 工会社会联络工作需要把握的原则包括必须牢牢把握正确政治方向、必须坚持以职工为本、（　）、必须加强协同联动。

A. 必须坚持工会的主导地位

B. 必须坚持防范化解与引领构建一体推进

C. 必须以法治思维和法治方式开展工作

D. 必须强调灵活、自主、创新

9. “社会组织”是一个中国式概念。在我国，过去很长一段时间内社会组织被称为（　）。

A. 民间组织　　B. 非营利组织

C. 群众组织　　D. 共益组织

10. 社会组织的内在属性包括主体性、目的性、(　)。

A. 创新性　　B. 自由性

C. 规则性　　D. 约束性

11. 社会组织的外在特征包括非政府性、公益性或互益性、(　)。

A. 自由性　　B. 自治性

C. 经济性　　D. 非营利性

12. 目前，我国社会组织分为（　）。

A. 社会团体

B. 公益团体

C. 基金会

D. 社会服务机构（民办非企业单位）

13. 社会组织的功能包括资源动员功能、(　)。

A. 管理协调功能　　B. 社会服务功能

C. 社会治理功能　　D. 政策倡导功能

14. 社会组织的定位为服务国家、(　)。

A. 服务员工　　B. 服务社会

C. 服务群众　　D. 服务行业

15. 目前，政府与社会组织围绕（　）的供给，形成了一种新型合作机制，(　) 逐步成为社会组织发展的重要资金来源，这个大趋势促使越来越多的社会组织去担当社会公共产品的生产者和供给者。括号内的内容依次为（　）。

A. 公共资源　　B. 公共服务

C. 民间资金　　D. 公共财政

16. 改革开放以来，在各级党委和政府的重视和支持下，我国社会组织不断发展，在（　)、创新社会治理、扩大对外交往等方面发挥了积极作用。

A. 促进经济发展　　B. 繁荣社会事业

C. 联系引导职工　　D. 维护社会稳定

17. 目前，我国社会组织发展过程中不同程度存在的主要问题包括人才缺乏、能力不足、(　)。

A. 社会支持欠缺　　B. 内部管理混乱

C. 经费紧张　　D. 大而不强

18. 当前，我国社会组织发展中存在诸多问题，究其原因，主要是社会组织发展所必要的法律制度、社会支持、（　）等方面相对还不健全。

A. 资本支持　　B. 工会力量

C. 文化背景　　D. 经济基础

19. 与社会组织有关的法律法规和政策规定很多，如（　）。

A.《民办教育促进法》

B.《慈善法》

C.《境外非政府组织境内活动管理法》

D.《志愿服务条例》

20. 劳动领域社会组织是指工作内容与职工劳动就业、技能培训、（　）、安全卫生等劳动经济权益和民主政治权利以及精神文化权益等方面相关的社会组织。

A. 学历提升　　B. 住房安全

C. 收入分配　　D. 社会保障

21.《中共中央关于加强和改进党的群团工作的意见》要求，“各级党委和政府要支持群团组织在党组织领导下发挥作用，加强对有关社会组织的（　）”。

A. 政治引领　　B. 示范带动

C. 联系服务　　D. 鼓励支持

22. 工会社会组织工作的重要意义包括（　）。

A. 是认真贯彻落实中央决策部署、服从服务于党和国家工作大局的必然要求

B. 是适应社会组织发展形势、履行工会政治责任的客观需要

C. 是回应职工群众多样化需求、更好地服务职工群众的现实需要

D. 是工会改革创新、加强和改进自身建设的内在要求

23. 工会社会组织工作是工会改革创新的一项重要任

务，对于创新工会体制机制、活动方式、工作方法，激发发展动力和自身活力，增强（　）、群众性，去除机关化、行政化、贵族化、娱乐化，都具有重要的推动和促进作用。

A. 创新性　　B. 政治性

C. 先进性　　D. 自主性

24. 工会社会组织工作的基本原则包括坚持党的领导、把正方向，坚持法治思维、依法推进，坚持引导服务、惠及职工，坚持区别对待、分类施策，（　）。

A. 坚持全面领导、严格把控

B. 坚持结合实际、因地制宜

C. 坚持改革创新、积极稳妥

D. 坚持大胆开拓、优中选优

25. 全国总工会对积极稳妥推进工会联系引导社会组织工作提出的重点任务包括（　）。

A. 加强引领带动，探索建立工会主导的区域性劳动领域社会组织联合会

B. 积极扶持发展，探索在基层培育孵化工会直接领导或指导的劳动领域社会组织

C. 加强资源整合，探索与共青团、妇联等群团组织联合建立社会组织或社会组织服务平台

D. 加强联系合作，通过购买服务等方式为职工提供优质的服务

E. 扩大工作覆盖，推进劳动领域社会组织工会建设

26. 工会购买社会组织服务，具有很强的（　）。

A. 政治性　　B. 灵活性

C. 政策性　　D. 创新性

27. 工会购买社会组织服务的主体是（　）。

A. 市级以上工会

B. 各级总工会、各级产业工会

C. 具有独立法人资格的基层工会组织

D. 具有行政管理职能的工会所属事业单位

28. 工会购买的社会组织服务需要符合以下哪些标准？（　）

A. 符合群团改革方向

B. 适应职工群众需求

C. 适合市场化方式提供

D. 性价比高

29. 工会购买社会组织服务的基本原则包括坚持党的领导，把握正确方向；坚持职工为本，强化需求导向；坚持工会主导，促进共同发展；坚持依法依规，积极稳妥实施；以及（　）。

A. 坚持公开择优，注重购买绩效

B. 坚持因地制宜，推动改革创新

C. 坚持优中选优，注重购买绩效

D. 坚持集中统一，推动改革创新

30. 加强工会购买社会组织服务的科学管理，要建立健全（　）。

A. 灵活创新机制　　B. 绩效评价机制

C. 信息公开机制　　D. 监督管理机制

31. 在“十四五”时期，要通过指导推动各级工会联系引导劳动领域社会组织为职工提供专业化服务，有效形成“党委领导、政府支持、（　）、职工群众广泛参与和普遍受益”的工作格局。

A. 工会鼓励扶持　　B. 社会组织主动参与

C. 工会联系引导　　D. 社会组织专业服务

32. 加强对工会社会组织工作的领导，就是要（　）。

A. 坚持在改革中推进　B. 坚持试点先行

C. 坚持需求导向　　D. 坚持探索创新

33. 做好工会社会组织工作，要坚决把党中央群团改革相关决策部署全面贯彻落实到工会工作中来，不断增强工作的政治责任感和历史使命感，切实提高（　）。

A. 政治判断力　　B. 政治创新力

C. 政治领悟力　　D. 政治执行力

34. 2016年，全国总工会印发《中华全国总工会关于推进工会联系引导劳动关系领域社会组织工作的意见》，提出“加强联系合作，通过购买服务等方式为职工提供优质的服务。要广泛收集、分类梳理职工需求，对于（　）、较为适宜由社会组织承接的服务项目，通过购买服务的方式交由社会组织承担”。

A. 经济效益显著　　B. 需求相对集中

C. 比较效益突出　　D. 需求相对分散

35. “信访”一词在《汉语大词典》中解释为群众来信来访的简称，是指人民群众（　），反映情况，并要求解决某些问题。

A. 集体走访　　B. 上京走访

C. 致函　　D. 走访有关部门

36. 20 世纪 50 年代，中央人民政府政务院先后制定实施文件，明确提出认真处理人民来信、接待群众来访，是及时了解和调解人民内部矛盾，反对工作中（　）的一种有效武器。

A. 官僚主义　　B. 主观主义

C. 宗派主义　　D. 虚无主义

37.《全国工会实施〈信访工作条例〉办法》对信访作出定义。信访是指公民、法人或者其他组织可以采用信息网络、电话、（　）等形式，向各级机关、单位反映情况，提出建议、意见或者投诉请求，有关机关、单位应当依规依法处理的活动。

A. 书信　　B. 游行

C. 传真　　D. 走访

38. 工会信访工作，是工会信访工作者（　）的全部活动的总称。

A. 彻底解决群众问题

B. 依照法律法规接待、处理职工来信来访来电

C. 维护职工合法权益

D. 反映职工意见和建议

39. 工会信访工作主要包括以下哪几个方面的具体工作？（　）

A. 做好说服和解释工作

B. 协调和督促有关问题的解决

C. 提出完善法规政策、改进工作的建议

D. 对本级工会职能部门和下级工会信访部门的信访工作进行指导

40. 与一般人民群众信访活动相比，职工信访活动具有特定的主体、特定的内容、（　）等特点。

A. 特定的方式　　B. 特定的时间

C. 特定的处理手段　　D. 特定的表现形式

41. 如果职工向（　）等部门信访，则纳入统一的人民群众信访范围。

A. 上级工会　　B. 政府

C. 人大　　D. 法院

42. 职工信访反映的主要内容包括国家法律规定的职工的（　）。

A. 政治权力　　B. 政治民主权利

C. 劳动权利　　D. 其他经济利益

43. 当前职工群众面临的最困难最操心最忧虑，通过信访渠道反映的问题主要涉及（　）、安全卫生等方面。

A. 劳动就业　　B. 技能培训

C. 收入分配　　D. 社会保障

44. 职工可以（　），工会干部也可以（　），职工信访活动是双向的、多渠道的。括号内的内容依次为（　）。

A. 来访　　B. 上访

C. 下访　　D. 接访

45. 工会主要通过沟通、协商、（　）等手段来维护职工权益。

A. 协调　　B. 督促

C. 仲裁　　D. 公证

46. 工会信访工作主要遵循以下几项原则：坚持以人民为中心、坚持落实信访工作责任、（　）。

A. 坚持党的全面领导

B. 坚持党的领导

C. 坚持依法按政策解决问题

D. 坚持源头治理化解矛盾

47. 做好信访工作，要坚持（　）。

A. 诉求合理的解决问题到位

B. 诉求无理的思想教育到位

C. 生活困难的帮扶救助到位

D. 行为违法的依法处理到位

48. 做好信访工作是各级领导干部的重要政治责任，落实（　），做到有权必有责、有责必担当、失责必追究。

A. 全面解决、彻底处理

B. 党政同责、一岗双责

C. 属地管理、分级负责

D. 谁主管、谁负责

49.《信访工作条例》要求，要构建党委统一领导、（　）、信访部门推动、各方齐抓共管的信访工作格局。

A. 政府组织落实

B. 工会组织落实

C. 信访工作联席会议协调

D. 信访工作小组协调

50. 要注重从源头上预防和减少信访问题发生，努力将信访矛盾化解在基层、化解在萌芽状态。要完善（　），防止矛盾扩大化、对抗化。

A. 社会矛盾排查预警机制

B. 重大决策社会稳定风险评估机制

C. 社会保障机制

D. 矛盾纠纷多元化解机制

51. 做好信访工作，要抓实源头预防，压实首接首办责任，结合（　）等工作，依法及时就地解决信访职工突出问题，最大限度减轻职工群众“访累”。

A. 领导开门接访

B. 领导干部包案下访

C. 工会干部赴基层“蹲点+信访”

D. 年度职工队伍稳定风险隐患专项排查化解

52. 各级工会要充分发挥法治的引领、保障作用，自觉运用（　）解决矛盾问题，积极引导职工依法理性表达诉求。

A. 法治思维　　B. 法制思维

C. 法制方式　　D. 法治方式

53. 2016 年 4 月，习近平总书记就做好信访工作、妥善处理信访突出问题作出重要指示，要求各地各部门要加强风险研判，加强源头治理，努力将矛盾纠纷（　），避免小问题拖成大问题，避免一般性问题演变成信访突出问题。

A. 彻底消灭　　B. 一次性解决

C. 化解在基层　　D. 化解在萌芽状态

54. 党的二十大报告明确要求，要畅通和规范群众诉求表达、利益协调、权益保障通道，完善（　）的基层治理平台。

A. 网格化管理　　B. 精细化服务

C. 信息化支撑　　D. 精准化保障

55. 从工会信访工作职能看，我国全面深化改革进入攻坚期，产业工人队伍建设改革持续推进，职工群众的需求呈现多样化多层次多方面的特点，尤其在就业、（　）等方面问题较为突出。

A. 收入分配

B. 社会保障

C. 集体协商

D. 新就业形态劳动者权益保障

56. 做好信访工作要求我们全面贯彻落实《信访工作条例》，从（　）等方面补短板、强弱项，有针对性地加强和改进工作，推动依法及时就地解决职工信访问题。

A. 制度机制　　B. 业务规范

C. 方法手段　　D. 工作能力

57. 以下哪几项属于工会信访干部接待职工来访、办理职工信访事项所遵循的工作程序？（　）

A. 反馈　　B. 告知

C. 督办　　　　　　D. 转送

58. 根据《工会信访事项交办制度》，承办单位应自收到交办函之日起（　）日内办结并反馈结果，情况复杂的，经本级工会信访工作分管领导批准，可申请适当延长办理期限，但延长期限不得超过（　）日。括号内的内容依次为（　）。

A. 60　　B. 50　　C. 30　　D. 20

59. 各级工会对可能造成社会影响的重大、紧急信访事项和信访信息，应当及时（　），在职责范围内依法及时采取措施，防止不良影响的产生、扩大。

A. 报告上级工会党组

B. 通报上级信访工作联席会议办公室

C. 报告本级工会党组

D. 通报本级信访工作联席会议办公室

60. 工会信访工作部门受理信访事项范围主要包括（　）。

A. 职工对涉及劳动权益的法律、法规和政策等方

面的咨询

B. 职工对需帮扶及解决生活困难的求助

C. 职工对用人单位侵害自身合法权益行为的控告、申诉

D. 职工对工会及其工作人员的意见、建议

61. 办理职工来信的基本方式包括答复、(　　)、不予(不再)受理和阅存。

A. 转办　　B. 交办

C. 转接　　D. 转交

62. 以下哪些信访事项，按有关规定不予（不再）受理?(　　)

A. 涉及紧急突发事件、安全生产事故及其他影响社会稳定情况的事项

B. 对不属于工会职责范围的来信事项

C. 已经通过诉讼、仲裁、行政复议等法定途径解决的来信事项

D. 已有信访终结意见但信访职工仍以同一事实和

理由继续反映的来信事项

63. 初信初访，是指公民、法人或者其他组织采用书信、网上投诉、电话、走访等形式，首次向（　）反映情况，提出意见、建议或者投诉请求，依法应当由有关行政机关作出处理的活动。

A. 各级信访工作部门

B. 各级人民政府

C. 县级以上人民政府工作部门

D. 市级以上人民政府工作部门

64. 做好工会初信初访，提高办结率，对于有效减少和避免（　）等具有十分重要的意义。

A. 重信重访　　B. 越级访

C. 集体访　　D. 上门走访

65. 各级工会信访工作机构要按照规定的程序、期限，负责受理、办理法定职权范围内的初信初访事项，并书面答复信访人。初信初访事项包括以下哪几种情形？（　）

A. 信访人向本机关提出的信访事项

B. 信访人首次向本机关提出的信访事项

C. 本级或上级人民政府信访工作机构首次转送的信访事项

D. 本级或上级人民政府信访工作机构首次交办的信访事项

66. 初信初访工作应坚持（　）的原则。

A. 属地管理、分级负责

B. 谁主管、谁负责

C. 依法、及时、就地解决问题与疏导教育相结合

D. 应解决、尽解决

67. （　）应为信访人查询初信初访事项办理情况提供便利。

A. 县级以上工会信访工作机构

B. 市级以上工会信访工作机构

C. 基层接访人员

D. 有权处理机关

68. 各级工会要根据《职工信访投诉请求清单》开展好工作，形成部门间衔接贯通的工作机制，处理好（　）之间的关系。

A. 接访人员与上访群众

B. 各级工会信访部门之间

C. 工会信访部门与业务部门

D. 工会信访部门与党政有关部门

69. 根据《职工信访投诉请求清单》，职工与所在用人单位发生社会保险争议的，可依法（　）。

A. 申请调解　　B. 申请仲裁

C. 集体上访　　D. 提起诉讼

70. 以下哪些事项属于工会信访事项交办范围？（　）

A. 领导批示的信访事项

B. 带有普遍性、倾向性、苗头性，可能引发群体性事件的信访事项

C. 职工群众合法权益受到严重侵害的信访事项

D. 其他需要交办的信访事项

71. 交办单位应按照事实清楚、定性准确、手续完备、（　）的要求对办结报告进行审核。

A. 灵活高效　　B. 快速反馈

C. 处理恰当　　D. 程序规范

72. 县级以上工会信访工作部门应当就以下哪些事项向本级工会和上级工会定期报送信访情况分析报告？（　）

A. 一次性解决信访事项的数据统计

B. 受理信访事项的数据统计、信访事项涉及的主要内容

C. 转送、督办情况以及各单位采纳改进建议的情况

D. 提出的政策性建议及其被采纳情况

73. 工会信访工作部门发现同级工会有关职能部门、产业工会等有关单位或下一级工会处理信访事项有下列哪些情形时，应当及时督办并向本级工会报告，并提出改进建议？（　）

A. 无正当理由未按规定的办理期限办结信访事

项的

B. 未按规定程序办理信访事项的

C. 办理信访事项推诿、敷衍、拖延的

D. 未按规定反馈信访事项办理结果的

74. 领导干部接访可以采取的形式包括专题接访、重点约访、领导包案、（　）。

A. 开门接访　　B. 定点接访

C. 带案下访　　D. 联合接访

75. 以下哪些问题，属于领导干部包案处理职工信访事项的范围？（　）

A. 职工反映强烈、案情复杂、久拖不决的问题

B. 涉及面广、社会关注度高、工作难度大的疑难问题

C. 涉及人数多、组织化倾向明显的群体性问题

D. 涉及政策层面、需要完善相关规定的突出问题

76. 为适应形势发展需要，可以在（　）等方面进一步创新和拓宽工会领导干部接访的形式。

A. 微博、抖音等公共平台

B. 视频接访

C. 热线电话

D. 领导电子信箱

77. 习近平总书记关于加强和改进人民信访工作的重要思想，系统回答了（　）等一系列重大理论和实践问题。

A. 信访工作是什么　　B. 信访形势怎么看

C. 信访工作怎么干　　D. 信访问题如何解决

78. 党的二十大报告强调，要完善正确处理新形势下人民内部矛盾机制，加强和改进人民信访工作，畅通和规范群众（　）通道。

A. 诉求表达　　B. 利益协调

C. 参政议政　　D. 权益保障

79. 在各省级总工会领导班子的重视下，各地工会不断健全信访工作制度，建立完善考评机制，配齐配强干部队伍，初步形成了（　）的工会信访工作新格局。

A. 主要领导负总责　B. 分管领导具体负责

C. 职能部门各司其职　D. 信访部门协调督办

80. 做好工会信访工作，是按照习近平总书记关于（　）的要求，把信访职工的合法利益维护充分，把信访职工的情绪安稳理顺，通过职工队伍稳定来维护社会和谐稳定。

A. 工会信访干部做职工最可信赖的“娘家人”

B. 工会信访部门成为“职工之家”

C. 工会干部做职工最可信赖的“娘家人”

D. 工会组织成为“职工之家”

81. 以下哪些文件，明确了工会领导干部的接访形式和接访重点，推动了工会领导干部接待职工群众来访工作全面展开？（　）

A. 《关于深入推进工会领导干部接待职工群众来访的意见》

B. 《上访须知》

C.《全国总工会领导接待职工来访、阅批职工来信、包案处理职工信访事项办法》

D.《全国总工会机关办理职工来访、来信、来电、网上信访工作办法》

82. 要建立“党政指导、（　）、侧重调解、共创和谐”的工会信访联动机制，推动解决信访问题。

A. 工会领导　　B. 工会牵头

C. 各方联动　　D. 社会力量参与

83. 职工来信来访来电的（　）的变化，职工反映的主要问题等都包含大量的信息。

A. 特点　　B. 总量

C. 结构　　D. 时间

84. 工会信访工作人员要热情接待来访职工，努力做到（　）、话好听、事好办，来有迎声、问有答声、走有送声。

A. 门好进　　B. 马上答

C. 人好见　　D. 脸好看

85. 工会信访不仅仅是工会信访工作部门的工作，更是各级工会组织及职能部门要共同抓好的一项重要工作，需要把握好联系上下、沟通左右、（　）等几项具体工作。

A. 主动创新　　B. 灵活处理

C. 协调内外　　D. 抓好责任落实

86. 《关于新形势下党内政治生活的若干准则》提出，要坚持（　）等制度。

A. 领导干部调查研究　B. 定期接待群众来访

C. 同干部群众谈心　　D. 群众满意度测评

87. 《中共中央关于全面深化改革若干重大问题的决定》提出，要“改革信访工作制度，实行（　）制度，健全及时就地解决群众合理诉求机制。把涉法涉诉信访纳入（　）解决，建立涉法涉诉信访依法终结制度”。明确了信访工作制度改革的要求和重点。括号内的内容依次为（　）。

A. 网上受理信访　　B. 网上办理信访

C. 法制轨道　　　　D. 法治轨道

88. 信访工作制度改革成功与否，要看信访工作是否在法治化轨道上运行。具体而言，就是以法治为衡量尺度，群众表达诉求是否依法有序、(　)。

A. 检视开展信访工作是否于法有据

B. 解决问题是否依法依规

C. 解决问题是否全面彻底

D. 群众合法权益是否得到依法维护

89. 以法治方式解决信访事项，要做到严格依法维护群众权益、建立法律政策与化解矛盾的良性互动、(　)。

A. 落实好首办负责制

B. 严格贯彻法定救济规则

C. 严格实行诉访分离制度

D. 灵活处理群众矛盾

90. 《信访工作条例》明确"各级机关、单位应当按照诉讼与信访分离制度要求，将涉及（　）等诉讼权利救济的信访事项从普通信访体制中分离出来，由有关政法部门依法处理”。

A. 仲裁　　B. 民事

C. 行政　　D. 刑事

91. 通过（　）等法律途径解决群众诉求，对于落实有权处理信访问题责任主体的责任、加强国家机关的层级监督、释放体制内纠错的良好效应以及引导群众养成尊法守法意识等，都具有重要意义。

A. 诉讼　　B. 调解

C. 仲裁　　D. 行政复议

92. 以法治意识引导群众表达诉求，要做到（　）。

A. 畅通和拓宽诉求表达渠道

B. 落实和压实依法逐级走访

C. 加强和改进信访行为引导

D. 做好领导干部接访工作

93. 推进工会信访工作法治化建设的途径包括（　）。

A. 落实访诉分离

B. 落实分类处理诉求清单

C. 强化信访行为引导，依法治理闹访

D. 突出工会法律援助特色

94. 深化信访工作信息化应用，要做到扩大应用的覆盖范围、强化社会监督评价、（　）。

A. 加强信访基础设施建设

B. 提升整体工作效能

C. 逐渐关闭线下信访渠道

D. 提高分析研判水平

95. 要对信访工作程序性规定实行过程跟踪，对群众不满意的信访事项实行网上督查，对信访数据实行分类识别统计，对（　）等实行即时监测，推动及时就地解决问题。

A. 干部接访率　　B. 及时受理率

C. 按期办理率　　D. 群众满意率

96. 为了做好信访工作信息化建设，各级工会信访部门要选派（　）的同志具体负责这项工作。

A. 大局观和责任心强　B. 熟悉信访业务

C. 精通信息技术　　　D. 相关专业毕业

97. 加强工会信访工作信息化建设，主要需要做好以下哪几个方面的工作？（　）

A. 加强组织领导，强化统筹协调

B. 加强政策支持，加大资金投入

C. 加强能力建设，壮大人才队伍

D. 加强宣传引导，强化教育培训

E. 加强考核管理，完善机制制度

98. 要加强互联网理论和实务培训，把知网、懂网、（　）作为能力建设的重要内容，列入工会干部教育培训课程，引导各级工会干部特别是领导干部树立互联网思维，提高运用互联网开展工作的能力。

A. 建网　　　B. 用网

C. 通网　　　D. 靠网

99. 各级工会要主动适应新形势、新任务、新要求，从以下几个方面下大力气抓好工会信访工作专业化建设：抓好工会信访工作制度的专业化、（ ）、抓好信访工作基础保障的专业化、抓好信访信息报送工作的专业化、抓好工会信访干部队伍建设。

A. 抓好职工信访事件办理速度的专业化

B. 抓好职工信访事件办理程序的专业化

C. 抓好职工诉求表达渠道的专业化

D. 抓好职工诉求表达内容的专业化

100. 抓好工会信访干部队伍建设，要做到（ ）。

A. 加大对信访工作的考核比重

B. 保持坚定正确的政治方向

C. 抓好工会信访干部培训工作

D. 发挥信访岗位锻炼干部的重要作用

参考答案

一、单项选择题

1. A	2. C	3. C	4. B	5. A
6. D	7. A	8. B	9. D	10. A
11. B	12. C	13. A	14. C	15. C
16. B	17. D	18. A	19. B	20. B
21. C	22. A	23. B	24. B	25. D
26. D	27. D	28. A	29. C	30. C
31. D	32. A	33. B	34. B	35. D
36. C	37. C	38. A	39. A	40. C
41. D	42. B	43. B	44. A	45. A
46. B	47. C	48. C	49. D	50. D
51. A	52. A	53. B	54. D	55. C
56. C	57. A	58. A	59. B	60. C
61. D	62. D	63. B	64. C	65. A

66. C	67. D	68. A	69. B	70. A
71. A	72. C	73. D	74. B	75. A
76. C	77. C	78. A	79. B	80. D
81. B	82. C	83. A	84. A	85. D
86. D	87. B	88. B	89. A	90. C
91. D	92. D	93. C	94. B	95. C
96. A	97. D	98. A	99. B	100. C
101. A	102. A	103. D	104. B	105. B
106. C	107. A	108. B	109. A	110. C
111. A	112. D	113. B	114. D	115. A
116. A	117. B	118. C	119. C	120. A
121. C	122. D	123. B	124. D	125. C
126. A	127. D	128. B	129. D	130. D
131. C	132. A	133. B	134. A	135. C
136. D	137. C	138. A	139. D	140. B
141. C	142. C	143. C	144. A	145. A
146. B	147. C	148. D	149. A	150. D
151. D	152. D	153. A	154. C	155. C

156. B	157. B	158. D	159. C	160. A
161. B	162. B	163. C	164. A	165. C
166. C	167. D	168. B	169. C	170. A
171. D	172. B	173. D	174. C	175. C
176. A	177. D	178. A	179. B	180. A
181. D	182. C	183. B	184. C	185. C
186. D	187. D	188. B	189. C	190. A
191. A	192. D	193. C	194. B	195. D
196. D	197. B	198. A	199. D	200. B

二、多项选择题

1. BC	2. ABD	3. BCD	4. CD	5. ABC
6. AC	7. ABCD	8. BC	9. AB	10. CD
11. BD	12. ACD	13. BCD	14. BCD	15. BD
16. AB	17. ABC	18. CD	19. ABCD	20. CD
21. ABC	22. ABCD	23. BC	24. BC	25. ABCDE
26. ACD	27. BCD	28. ABC	29. AB	30. BCD
31. CD	32. ABCD	33. ACD	34. BC	35. CD
36. ABC	37. ACD	38. BCD	39. ABCD	40. ACD
41. BCD	42. BCD	43. ABCD	44. BC	45. AB
46. ACD	47. ABCD	48. BCD	49. AC	50. ABD
51. BCD	52. AD	53. CD	54. ABC	55. ABCD
56. ABCD	57. BD	58. AC	59. CD	60. ABCD
61. AB	62. BCD	63. BC	64. ABC	65. BCD

66. ABC	67. AD	68. BCD	69. ABD	70. ABCD
71. CD	72. BCD	73. ABCD	74. BC	75. ABCD
76. BCD	77. ABC	78. ABD	79. ABCD	80. CD
81. AC	82. BC	83. ABC	84. ACD	85. CD
86. ABCD	87. AD	88. ABD	89. BC	90. BCD
91. ACD	92. ABC	93. ABCD	94. BD	95. BCD
96. ABC	97. ABCDE	98. AB	99. BC	100. BCD